ANSIEDADE

Formas Inteligentes De Vencer A Ansiedade E Depressão

(Ultrapasse Hoje A Ansiedade E Melhore A Sua Saúde Num Mês)

Philip Lucas

Traduzido por Daniel Heath

Philip Lucas

Ansiedade: Formas Inteligentes De Vencer A Ansiedade E Depressão (Ultrapasse Hoje A Ansiedade E Melhore A Sua Saúde Num Mês)

ISBN 978-1-989837-38-2

Termos e Condições

De modo nenhum é permitido reproduzir, duplicar ou até mesmo transmitir qualquer parte deste documento em meios eletrônicos ou impressos. A gravação desta publicação é estritamente proibida e qualquer armazenamento deste documento não é permitido, a menos que haja permissão por escrito do editor. Todos os direitos são reservados. As informações fornecidas neste documento são declaradas verdadeiras e consistentes, na medida em que qualquer responsabilidade, em termos de desatenção ou de outra forma, por qualquer uso ou abuso de quaisquer políticas, processos ou instruções contidas, é de responsabilidade exclusiva e pessoal do leitor destinatário. Sob nenhuma circunstância qualquer, responsabilidade legal ou culpa será imposta ao editor por qualquer reparação, dano ou perda monetária devida às informações aqui contidas, direta ou indiretamente. Os respectivos autores são proprietários de todos os direitos autorais não detidos pelo editor.

Aviso Legal:

Este livro é protegido por direitos autorais. Ele é designado exclusivamente para uso pessoal. Você não pode alterar, distribuir, vender, usar, citar ou parafrasear qualquer parte ou o conteúdo deste ebook sem o consentimento do autor ou proprietário dos direitos autorais. Ações legais poderão ser tomadas caso isso seja violado.

Termos de Responsabilidade:

Observe também que as informações contidas neste documento são apenas para fins educacionais e de entretenimento. Todo esforço foi feito para fornecer informações completas precisas, atualizadas e confiáveis. Nenhuma garantia de qualquer tipo é expressa ou mesmo implícita. Os leitores reconhecem que o autor não está envolvido na prestação de aconselhamento jurídico, financeiro, médico ou profissional.

Ao ler este documento, o leitor concorda que sob nenhuma circunstância somos responsáveis por quaisquer perdas, diretas ou indiretas, que venham a ocorrer como resultado do uso de informações contidas neste documento, incluindo, mas não limitado a, erros, omissões, ou imprecisões.

Índice

- PARTE 1 1
- CAPÍTULO 1: SIMPLES E EFICAZES REMÉDIOS CASEIROS PARA ANSIEDADE 2
- CHÁ VERDE 2
- CAMOMILA 3
- DE MARACUJÁ 4
- DE LÚPULO 6
- AMÊNDOAS 7
- MASSAGEM COM ÓLEO 8
- ELIXIR ANTIANSIEDADE 9
- DE BICARBONATO DE SÓDIO 10
- LAVANDA 10
- CHOCOLATE 11
- LEITE QUENTE 13
- DE SAL EPSOM 13
- CIDREIRA 15
- VALERIANO 15
- CAPÍTULO 2: DICAS DIETÉTICAS EFICAZES PARA ANSIEDADE 17
- PARTE 2 23
- INTRODUÇÃO 24
- CAPÍTULO 1 29
- O QUE É ANSIEDADE? 29
- CINCO TRANSTORNOS DE ANSIEDADE 32

TAG: TRANSTORNO DE ANSIEDADE GENERALIZADA 34
SUPOSIÇÕES SOBRE TAG 35

CAPÍTULO 2 37
COMO SABER SE TENHO ANSIEDADE 37

SINTOMAS DE ANSIEDADE 37
SINTOMAS FÍSICOS... 37
SINTOMAS COMPORTAMENTAIS 38

NOTA: SE VOCÊ ESTÁ CURTINDO ESTE LIVRO, PODERIA DEIXAR UMA AVALIAÇÃO NO AMAZON? AJUDARIA MUITO O MEU LIVRO. 41

CAPÍTULO 3 41

SUPERANDO A ANSIEDADE 41

INSTRUÇÕES 43
PLANO DE AÇÃO... 43

CAPÍTULO 4 49

COMO PARAR UM ATAQUE DE PÂNICO 49

SINTOMAS 49

CONCLUSÃO 57

Parte 1

Capítulo 1: simples e eficazes remédios caseiros para ansiedade

Contrariamente à crença popular, que precisa de antidepressivos para ansiedade de contador, é muito fácil de lidar com sua ansiedade em casa. Se você quer resultados duradouros sem ter que passar os efeitos colaterais adversos associados a tomar comprimidos de ansiedade, considere tratar sua ansiedade usando remédios caseiros. Aqui estão os melhores remédios que me deparei e instruções sobre como usá-los:

chá verde

O chá verde é que uma bebida à base de plantas com propriedades antioxidantes poderosos para que na sua essência, alguns goles de chá verde pode reduzir imediatamente sua ansiedade. Como ele faz isso? Bem, o chá verde contém o composto de L-theanine e aminoácidos que promovem a ondas alfa do cérebro responsáveis por estimular as células do cérebro, que por sua vez, reduz a ansiedade e o stress, estimula seu corpo a relaxar, melhora o foco, e melhora o sono. Tomar chá verde regularmente ajuda a evitar os sintomas de ansiedade.

Como fazer chá verde:

1. Coloque um copo de água em uma panela e leve para ferver. Adicione duas colheres de chá verde à água fervente e deixe ferver por alguns minutos.

2. Coe a mistura. Adicione mel para o sabor, se desejar.

3. Tome 3-4 xícaras de chá verde por dia para relaxamento total.

DICA: Chá de ervas funciona acalmando seus nervos para livrar a ansiedade. Chá verde, flores de camomila ou ervas secas de alecrim também são excelentes alternativas para fazer chá.

camomila

Uma das ervas mais eficazes para reduzir a ansiedade e o estresse é a camomila. Ele contém compostos que acalmar e acalmem o sistema nervoso, proporcionando assim um efeito sedativo que reduz o stress e ansiedade. Além disso, a camomila ajuda a relaxar os músculos e reduz a tensão do corpo, portanto, promover o sono melhor. Além disso, pode ser encontrada para ser muito eficaz para a maioria dos transtornos de ansiedade. Consuma pelo menos 4 xícaras de chá de camomila todos os dias para combater a ansiedade. Usá-lo das seguintes formas:

-Fazer chá de camomila como segue:

1. Ferva 1 xícara de água e adicionar duas colheres de chá de camomila. Cubra com uma tampa e deixar em infusão por aproximadamente 10 minutos.

3. Coe a mistura.

4. Adicione o mel para o gosto, se preferir.

-Adicione essência óleo ou camomila flores em sua água de banho quente e desfrute de um banho relaxante.

-Tomar suplementos de camomila, mas certifique-se de que você procurar o Conselho do seu médico.

de maracujá

Passiflora é um outro remédio eficaz, que funciona por sedativo que, assim, limitar a sua inquietação nervosa, stress e ansiedade. Os beta-carbolina harmanos nesta erva sedativa aumentam humor reforço produtos químicos como a dopamina. Além disso, compostos de maracujá aumentam os níveis de GABA do cérebro, reduzindo assim a ansiedade e o ataque de pânico. Quando você sentir os sintomas de ansiedade, use esta incrível erva como:

- *Chá de ervas de maracujá:*

instruções

1. Ferva um copo de água.
2. Adicione 1 colher de chá de erva maracujá (seca), cubra com uma tampa e deixe ferver por 10 minutos.
3. Coe o chá e adicione mel ou açúcar para melhorar o sabor, se desejar. Beba o chá enquanto estiver morno.

- *Maracujá suplementos ou extrato* mas primeiro procure o conselho do seu médico. Tome 90mg comprimido ou 45 gotas de extrato de flor de maracujá por dia, mas não use por mais de um mês.

Nota: As mulheres grávidas e crianças pequenas devem evitar tomar ervas sedativas como maracujá.

de lúpulo

Lúpulo também é uma grande erva que funciona relaxando suas células cerebrais e aids em reduzir a ansiedade. Hoje em dia, é um ingrediente comum em cervejas... mas não acho que por consumir bebidas alcoólicas, você vai experimentar seu efeito tranquilizante. É um óleo volátil muito rico em compostos sedativos, encontrados na maioria das tinturas e extratos. Como funciona o lúpulo? Bem, ele funciona por acalmando os nervos por agir diretamente no sistema nervoso central em oposição ao agir sobre oGABA receptores.

Você também pode encontrá-lo em almofadas de aromaterapia que ajudam os distúrbios relacionados com o cérebro do meio-fio. Muitas vezes, você também vai encontrá-lo em porções misturadas com uma outra erva como valeriana a dormir. Desde gostos de lúpulo muito amargos, é frequentemente não usado em chás a menos misturado com hortelã ou camomila. Certifique-se para usar o lúpulo quando experimentando sintomas de ansiedade. Aqui está o procedimento:

Ingredientes

1 colher de chá de lúpulo seco
½ colher de chá de chá de camomila
Mel

instruções

Adicione as duas ervas em uma xícara de água fervente e cozinhe por cerca de 10 minutos.

Coe a bebida. Adicione mel para o sabor, se desejar. Se você tiver sintomas de ansiedade regularmente, beba esse chá agridoce diariamente.

Amêndoas

O alto nível de B12 e zinco nas amêndoas os torna muito eficazes na prevenção da ansiedade. Tomar amêndoas antes de dormir relaxará e reduzirá o estresse. Aqui está uma receita com amêndoas:

Ingredientes

Amêndoas
1 copo de leite

Uma pitada de gengibre
Uma pitada de amêndoas
instruções

1. Comece com as amêndoas em água de imersão durante a noite para amolecer.
2. Tire sua pele na manhã seguinte.
3. Misture as amêndoas, leite, gengibre e noz-moscada juntos até ficar homogêneo
4. Beba esta mistura todas as noites antes de dormir para obter melhores resultados.

massagem com óleo

Uma massagem profunda irá acalmar e relaxar o seu corpo enquanto se livra das toxinas. Isso, por sua vez, deixará seu corpo e sua mente se sentindo bem. Mesmo os curandeiros chineses tradicionais concordam que uma massagem abre pressão em suas artérias e veias, aumentando assim a circulação de oxigênio fresco para o coração e o cérebro. Por isso, uma massagem de óleo calmante nos seus pés, mãos, cabeça ou costas aliviará a tensão muscular, combaterá a ansiedade e melhorará a circulação.

Para uma massagem relaxante que ajuda a reduzir os sintomas de ansiedade, use girassol, coco, gergelim, azeite ou óleo de milho para obter melhores resultados.

Processo

1. Aqueça o óleo e esfregue suavemente em movimentos circulares por todo o corpo, especialmente na parte inferior dos pés e no couro cabeludo.
2. Uma massagem profunda 2 horas antes de tomar o banho quente da manhã vai acalmar os nervos e eliminar a ansiedade.
3. Você pode massagear o óleo à noite antes de dormir, se possível. Fazer diária profunda óleo massagens para reduzir sua ansiedade e stress.

Elixir antiansiedade

Este elixir geralmente equilibra os níveis de energia. Suco de limão fortalece seus vasos capilares, reduzindo a pressão arterial, gengibre acalma sua barriga e mel mantém seu açúcar no sangue estável.

Ingredientes
1 colher de chá de suco de limão
1-2 colher de chá de gengibre moído

½ colher de chá de mel
instruções

Adicione os ingredientes em um copo e mexa bem. Leve essa mistura três vezes por dia para obter melhores resultados.
de bicarbonato de sódio

Bicarbonato de sódio também funciona por acalmando os nervos para eliminar a ansiedade. Experimente esta receita fácil que é muito eficaz:
Ingredientes

1/3 xícara de fermento em pó
1/3 xícara de gengibre
instruções

Adicione o gengibre e o bicarbonato de sódio para a água do banho quente. Deixe de molho durante 15 minutos, em seguida, tomar um banho morno imediatamente após. Fazer então regularmente para livrar sua tensão do corpo.
Lavanda

O inofensivo aroma inofensivo da alfazema faz maravilhas quando se trata de tratar a ansiedade. Esta incrível erva anti-inflamatória relaxa as células e reduz a inflamação da mente. Um estudo descobriu que, quando o aroma de lavanda era pulverizado em uma sala de espera do hospital, os pacientes sentados ficavam menos ansiosos. Um estudo alemão estabeleceu que as pílulas especiais de lavanda reduziam os sintomas de ansiedade quando administradas a pessoas que sofrem de transtorno de ansiedade generalizada (GAD). Se você freqüentemente sofre ataques de ansiedade, use lavanda regularmente. Aqui estão diferentes maneiras de usar a lavanda para ansiedade:

- Preencha um infusor com óleo de lavanda e coloque em seu quarto.

Ou compre fragrância de lavanda e borrife-a no seu quarto ou mantenha uma garrafa dela por perto.

-Use uma loção perfumada com lavanda.

-Ou, tome pílulas de lavanda para reduzir a ansiedade. Você pode comprá-los em lojas de saúde locais ou on-line.

Chocolate

Muitos de nós encontram chocolate muito relaxante, especialmente quando estamos sentindo ansiosos. Mas por que razão? Bem, quando você tomar chocolate, relaxam seus músculos cérebro e isso ajuda a reduzir a ansiedade e o stress. Sempre que você experimentar um ataque de ansiedade, seus níveis de açúcar no sangue cair e tirando algo doce, você instantaneamente resolver este problema. As enzimas relaxantes no cacau ajudam a estimular as células do cérebro e refrear os transtornos de ansiedade. Especialistas aconselham pacientes de ansiedade ter sempre alguns doces ou chocolates ao redor; Cada agora e então, eu mordo um pouco de chocolates de cacau sem açúcar crus. Na verdade, o chocolate é realmente ótimo para todos os tipos de ansiedade.

Aqui estão algumas ideias:

-Experimente uma sobremesa de chocolate.

-Pega alguns chocolates sweetened ou unsweetened crus.

-Misture o chocolate com leite frio e desfrutar seu leite de coco.

leite quente

Leite morno é um antigo remédio para insônia. Um copo de leite a qualquer hora do dia ajuda a tensão manso. Isso ocorre porque o leite contém um aminoácido conhecido como triptofano, que auxilia na produção de serotonina, que por sua vez clareia o seu humor e promova o seu bem-estar.

de sal Epsom

Sal de Epsom é ótimo para depressão e ansiedade. Este remédio salgado pode acalmá-lo quando você está passando a tensão nervosa. Quando você está estressado ou ansioso, a adrenalina do seu corpo sobe enquanto seus níveis de magnésio diminuem. O magnésio aumenta a serotonina que aumenta o humor do cérebro. O bom é que o sal de Epsom é rico em magnésio, o que significa que ele pode ajudar na produção de serotonina, o que, por sua vez, ajuda a reduzir a ansiedade, a insônia, a depressão e qualquer tensão nos nervos e nos músculos. Se você tiver ataques de ansiedade regulares, o sal Epsom é muito bom para você.

Faça isto papari 21/11/1999

1. Adicione uma xícara de sal Epsom à sua água morna e acrescente algumas gotas de óleo essencial (extratos de plantas líquidas, como óleos de lavanda, bergamota e limão).
2. Use a mão para agitar a mistura até que os grânulos salinos de Epsom se dissolvam completamente.
3. Mergulhe nesta água por cerca de 20 minutos
4. Relaxe neste banho agradável calmante 2-3 vezes por semana.

Nota : Dilua os óleos essenciais com óleos vegetais, como óleo de coco e azeite, para evitar irritações da pele. Além disso, certifique-se de realizar um teste de correção. Você executar um teste de remendo, aplicando o óleo essencial (diluído) na parte interna de sua mão, em seguida, aguarde algumas horas para ver se você terá alguma reação. Se você tiver alguma irritação ou reação, não use esse óleo essencial.

cidreira

O uso de erva-cidreira é um velho remédio para aliviar o stress e ansiedade. Colocar 600mg de bálsamo de limão no chá, tintura ou cápsula para obter melhores resultados. Para um efeito mais forte, misture cidreira com valeriana ou camomila.
Nota :Tendomontantes superiores a 600mg pode causar ansiedade.

Valeriano

Valeriana tem poderosas propriedades anti-ansiedade. Por exemplo, é um relaxante natural, que tem a capacidade de lidar com diferentes transtornos como nervosismo, histeria, insônia e agitação. Além disso, algumas pessoas têm utilizado como um sedativo para um estômago 'nervoso'. E então, funciona? Bem, valeriana, geralmente, atua nos receptores de GABA do seu cérebro, aumentando a sua atividade, que por sua vez, fornece o corpo com ação tranquilizante, as mesmas drogas de tipo Valium forma mas sem os efeitos colaterais que Valium tipo drogas costuma trazem.

Para usá-lo como um relaxante, pode levar 50-100mg duas vezes por dia. Você também pode levar o dobro dessa quantia cerca de 45 minutos antes de dormir.

DICA: Você pode combinar a valeriana com erva-cidreira ou camomila para obter resultados adicionais.

Vamos agora olhar para algumas mudanças na dieta que você precisa fazer para curar a ansiedade;

Capítulo 2: Dicas Dietéticas Eficazes para Ansiedade

Você precisa observar o que come ou bebe porque a dieta desempenha um papel fundamental na luta contra a ansiedade.

Coma coisas saudáveis

Alimentos como produtos integrais (trigo, cevada, trigo mourisco, cevada, aveia e milheto...), frutas e verduras de folhas verdes, mantêm os níveis de açúcar no sangue estáveis, portanto, controlam a ansiedade. O aumento da ansiedade está frequentemente associado a altos níveis de hormônios do estresse, cortisol e adrenalina. Este estado está frequentemente relacionado com níveis baixos de açúcar no sangue (depressões / quedas de açúcar), que é frequentemente um rebote de picos / altos de açúcar no sangue. Os hormônios adrenais também podem ser liberados em quantidades elevadas quando você toma nicotina e cafeína. Como tal, idealmente, você precisa consumir alimentos que tenham (como alimentos integrais, ou seja, não processados), já que eles geralmente têm liberação lenta de carboidratos.

Tomando 8 copos de água espalhados ao longo do dia a 2 horas de intervalo é um plus. Evite produtos de piso branco (como bolos, queques e pão branco), frituras e açúcares não refinados, desde que estes muitas vezes causam desequilíbrios de açúcar no sangue e torná-lo propenso à ansiedade.

Tome um bom café da manhã para um começo saudável e energético do seu dia. Isto garante-lhe suficiente energia e abastecimento de oxigénio extra ao seu cérebro, portanto, reduzir sua ansiedade e stress. Até mesmo os médicos dizem que você não deve passar fome para ter uma vida saudável e agradável. Pelo contrário, o estômago vazio pode atrair inúmeros problemas de saúde, alguns dos quais podem incluir a redução de oxigênio para o cérebro. E como o cérebro recebe menos oxigênio, aumenta o seu estresse e ansiedade. Portanto, ter um saudável pequeno-almoço diário para evitar os sintomas de ansiedade. Inclua ovos, leite, frutas, sucos crus, todo pães e cereais no seu café da manhã. Coma alimentos como pela manhã para evitar sufocar sua mente.

fix micronutrientes deficiência

Devemos todos testar para deficiências de micronutrientes porque a pesquisa mostra que a maioria de nós falta importantes minerais e vitaminas em nossos corpos.

Para melhorar seu humor e evitar ansiedade, tomar muitas vitaminas do complexo B (B1, B2, B3, B4, B5, B6, B7, B9 e B12). Essas vitaminas ajudam suas células do cérebro e sistema nervoso assim, relaxar os músculos, que por sua vez, eliminar estresse e fadiga. Em particular, deficiência de vitaminas do complexo B pode causar irritação, apatia, stress e depressão. Portanto, tome muita vitamina B, quando se sentir estressado e ansioso. Alimentos ricos em vitamina B incluem grãos integrais, feijões, ervilhas, amendoim e ovos. Você também pode obter suplementos de vitamina B, com a recomendação do seu médico.

Geralmente recomenda que pacientes de ansiedade devem comer alimentos ricos em omega 3. Notáveis fontes de omega 3s incluem são amendoim, peixe, nozes, sementes de linho, sementes de cânhamo, abacate e ovos. Isto significa que o óleo de peixe não só é bom para o coração, como também reduz a ansiedade e a depressão. Adicionando ômega 3 em sua refeição diária irá ajudá-lo a eliminar a ansiedade e protegê-lo contra ataques de ansiedade. A melhor fonte de ômega 3 é o salmão oleoso de água fria, então tente consumi-lo regularmente. Eu tomo 2-4 porções de pílulas de fígado de bacalhau naturais todos os dias. Se você é vegano, é mais propenso a deficiência de vitamina B12, portanto, tome (sublingualmente) 500 a 1000mcg de B12 comprimidos por dia.

Eliminar estimulantes

Eu estava consumindo 3-4 xícaras de café por dia. Logo depois que eu tomei meu copo, senti um nervosismo e uma frequência cardíaca mais rápida. Quando eu decidi remover o café da minha dieta por cerca de uma semana, esses sintomas pararam. Eu me senti calmo. Além disso, descobri que tomar café depois das cinco da tarde interrompeu minha rotina de sono.

Às vezes a resposta está bem na nossa frente, mas não podemos ver. Identifica qualquer substância que você consome regularmente que aumenta os seus sintomas de ansiedade e cortar sua dieta por uma semana. Os culpados principais incluem o aspartame (encontrados em alguns doces), cafeína, açúcar refinado, glúten (encontrado no trigo e centeio), cigarros, álcool e maconha. Sua ansiedade pode subjugar depois de tomar álcool mas, uma vez que seus efeitos (álcool) se desgastar, a ansiedade retorna com força total. Desperdiçar estimulantes e evitar os amigos que incentivá-lo a consumi-los. Para travar as ânsias, encontre um substituto saudável da substância como água ou chá verde. Uma vez que a substância está fora de sua corrente sanguínea durante sete dias, Re-Introduza a sua dose usual da substância a reavaliar a sua toxicidade. Se os seus sintomas de ansiedade voltarem em uma hora, você tem seu culpado. Agora, eliminá-lo para sempre.

Parte 2

Introdução

Eu quero agradecer e parabenizar a você por ter baixado este livro.

A ansiedade pode tomar variadas formas. Ela é uma emoção, muito como a raiva, tristeza e felicidade, e é sentida por todos nós em algum ponto de nossas vidas. Sintomas leves de ansiedade podem ser sentidos na forma de sensações corporais, como borboletas na barriga, suor nas mãos e testa. Todos já sentiram pelo menos um desses sintomas em algum ponto de suas vidas. É normal se sentir ansioso de tempos em tempos. No entanto, em alguns casos a ansiedade toma uma forma mais forte e é acompanhada por sintomas correspondentes, a essa forma incomumde ansiedade é dada o nome de transtorno de ansiedade.

É importante entender que lidar com a ansiedade, em qualquer intensidade, é algo bem possível e é também importante entender que, mesmo que os sintomas te deixem desconfortável, eles não são de fato perigosos. Na realidade, ansiedade é quase sempre tratável através de terapia e exercícios, o que significa que é possível você mesmo se livrar dela.

Aqui estão algumas respostas de perguntas que você pode ter sobre este livro:

1. Do que trata esse livro?: Este livro é sobre transtorno de ansiedade e síndrome do pânico e como se livrar deles.

2. Devo comprar este livro somente se eu tiver ataques de pânico e ansiedade?: Não. A ansiedade é uma emoção, ela é sentida por todas pessoas em todo o mundo. Você deve ler este livro como uma contramedida tanto para ansiedade normal como para transtornos.

3. Existe de fato uma cura para a ansiedade? Bem, se tem visto que uma combinação de terapia e exercícios tem tido sucesso em tratar ansiedade em graus maiores do que com medicamentos. A maioria dos médicos concorda. Então, ao invés de gastar dinheiro em medicação, gaste em melhorar seu controle mental e físico sobre os ataques de pânico e ansiedade, por exemplo, por meio deste livro. Mas o autor (eu) não é um médico e escreve meramente para propósitos educacionais.

4. Você tem outro recursos GRÁTIS que eu posso utilizar? Claro! Visite cognitt.com para ter acesso a milhares de artigos sobre muitos problemas e soluções, incluindo sobre ataques de pânico e ansiedade.

Este livro te trará informações sobre ataques de ansiedade e de pânico assim como estratégias e técnicas para lidar com eles. O livro consiste em 4 capítulos baseados em vários aspectos sobre como lidar com o problema. Os primeiros dois capítulos lidam com conhecer a ansiedade e como se diagnosticar, enquanto capítulos 3 e 4 lidam com como se livrar desse problema. Há também, ao final do livro, uma página de recursos com conteúdo extra.

Ansiedade pode ser um peso grande na vida de uma pessoa. Alguém com transtorno de ansiedade não tem um vida da qual se pode chamar de divertida. Ela pode acabar destruindo relacionamentos e tirando tanto o prazer de estar sozinho quando o prazer da companhia de outros.

Às vezes os ataques vêm quando menos se espera. Às vezes parece que tudo está certo, mas o ataque está na verdade acontecendo internamente. Pode ser que pareça que algo significante precise acontecer para que você seja capaz de se livrar da ansiedade, um catalisador ou algo do tipo. Mas esse catalisador pode ser você, sua iniciativa. Ataques de ansiedade e de pânico podem ser muito mais fáceis de lidar se você tem um plano. Olhe para o alívio a longo prazo que pode ser alcançado ao passar por uma dor a curto prazo, dessa forma você conseguirá se livrar de seu sofrimento.

Por outro lado, olhamos para o como os ataques são insuportáveis, pessoas os descrevem como se fosse igual a morrer. É importante notar quando se está prestes a ter um ataque de pânico.

Obrigado novamente por baixar este livro. Espero que você goste e que a leitura possa te adicionar muito!

CAPÍTULO 1

O QUE É ANSIEDADE?

Ansiedade é uma emoção em muitas pessoas mas um transtorno em algumas poucas. Esse capítulo é dedicado ao que a aciona e a todas suas variações.

Existem muitas maneiras de acionar a ansiedade.

Ansiedade de não conseguir o que você quer: Não conseguir algo que tenha muito significado para você e a lembrança constante dessa negação pode causar ansiedade.

Ansiedade de perder algo: Alguma coisa que seja muito próximo a você ou alguma coisa que você aprecia muito. Você sente que algo está, ou vai estar, em perigo se algo for feito ou deixar de ser feito.

Ansiedade de algo no futuro: Eventos no futuro que causam estresse como discursos públicos, eventos relacionados a algum tipo de performance ou algo que te dá medo e que potencialmente pode afetar sua vida negativamente.

Qual é a coisa que você quer mais na sua vida? A maioria das pessoas nunca se pergunta isto. O medo de nunca conseguir ter aquela coisa, ou a incerteza sobre ela, pode causar ansiedade assim como depressão.

Ansiedade pode vir de qualquer fonte e é importante resolver o acionador. Pode também originar-se de experiências traumáticas, e reforço negativo, ou seja, alimentando pensamentos negativos e falhas repetidas até a pessoa duvidar de si mesmo ou começar a se sentir ansiosa sobre a perspectiva de fazer algo.

No caso de relações paternais (especificamente num estilo de reforço negativo), se os pais repreendem o filho porque cometeu algum erro, a criança logicamente vai achar que é ruim cometer erros, o que pode não só travar o crescimento e aprendizagem da criança, mas é possível também que a criança exiba cuidado excessivo em relação a cometer erros. Isto pode facilmente se tornar em ansiedade onde a criança vive constantemente com medo de fazer qualquer movimento errado. É fácil ver como ansiedade pode piorar todos os aspectos de vida, experiências, possibilidades, e capacidades, de alguém. É fácil também ver como experiências negativas podem alimentar ansiedade.

Ansiedade é caracterizado pela preocupação ou medo excessivo, o que prejudica uma vida normal. Quando alguém tem pensamentos negativos, funções cerebrais diminuem. Isto, por sua vez, produz um efeito debilitante sobre a vida da pessoa que vive com ansiedade. Estresse de pensar demais também contribui para sintomas que serão discutidos mais tarde neste livro.

Cinco Transtornos de Ansiedade

A medida que aprendemos mais sobre ansiedade, é importante saber pelo menos as formas de transtornos de ansiedades mais comuns. Abaixo estão listados os cinco tipos mais comuns de ansiedade:

Transtorno obsessivo-compulsivo (TOC): Obsessões envolvem as coisas que mais nos perturbam. A compulsão é a necessidade de agir em nome dessas perturbações. É algo muito intrusivo e destrutivo para a vida de uma pessoa. Psicoterapia e medicações são tratamentos para este transtorno.

Transtorno de ansiedade generalizada (TAG): TAG faz pessoa a internalizar o sofrimento através de ansiedade. O tratamento é parecido com o tratamento de TOC. Terapia cognitivo-comportamental e técnicas de relaxação, assim como mindfulness, são utilizadas para tratar esse transtorno.

Transtorno de ansiedade social: Relacionado a interações sociais. Por exemplo, como o medo de dar discursos públicos, se aproximar de outras pessoas para conversar. O sofredor pode enfrentar autoconsciência severa. Terapia e medicação são tratamentos para este transtorno.

Síndrome do pânico: Envolve ataques de pânico, palpitações cardíacas, pulso acelerado, medo intenso. Normalmente não tem um motivo racional para a frequência dos ataques. Medicação com terapia é o tratamento para este síndrome.

Transtorno de estresse pós-traumático (TEPT): Este transtorno é o resultado de um evento traumático ou até de uma série de eventos traumáticos. A pessoa pode sofrer ataques de pânico assim como fobias relacionadas aos eventos traumáticos. Podem do nada expressar raiva em certas situações. Medicação e terapia são tratamentos para este transtorno.

Como podem ver, todos estes tipos de transtornos de ansiedade respondem a terapia. Isso demonstra que você mesma tem a capacidade de alterar ou enfrentar a sua luta.

Eu aconselharia entrar em contato com um médico para te diagnosticar. Se já sabe que tipo de transtorno tem, é uma vantagem, embora as etapas oferecidas neste livro devam ser efetivas para todo tipos os tipos de ansiedade.

TAG: Transtorno de ansiedade generalizada

TAG é um dos transtornos de ansiedade mais comuns. É por isso que olharemos brevemente para este transtorno. Existem muitos equívocos relacionados a este transtorno e é importante reconhecer e esclarecê-los.

Antes de a TAG ser descoberta, por muitos anos pessoas reclamaram de sintomas bem parecidos com a depressão, mas que na verdade não eram. Estavam sofrendo de Transtorno de ansiedade generalizada (TAG). Pessoas sofrem da sensação constante de que algo terrível vai acontecer. Eles imaginam que tudo de ruim imaginável acontecerá em todas as situações.

Suposições sobre TAG

Tem algumas suposições que devem ser reconhecidas e esclarecidas.

Pessoas acham que TAG é fora do controle deles: Em outras palavras, elas sentem que TAG é algo incontrolável, o que simplesmente é falso. Vou te mostrar como enfrentar isto e refutar essa suposição nos seguintes capítulos.

Pessoas com TAG severa nunca poderão ter vidas normais: Ao contrário, as pessoas com TAG severa na verdade podem mesmo ter vidas normais se fizerem as alterações adequadas para as condições delas, como medicação e terapia.

As sensações nunca mudarão: Podem piorar ou melhorar ao longo do tempo, dependendo de como você lida com eles. Quanto mais que se vive com medo e tenta fugir deles, pior fica. O momento em que você enfrenta a sua ansiedade é o momento em que as coisas começam a melhorar.

CAPÍTULO 2

COMO SABER SE TENHO ANSIEDADE

O jeito mais comum de saber se você tem ansiedade é comparar seus sintomas com os típicos da ansiedade. Existem dois tipos de sintomas quando se tem ansiedade. Os físicos e os comportamentais. Qualquer combinação dos sintomas dados pode ser evidência de um transtorno de ansiedade.

Sintomas de Ansiedade

De maneira a se livrar da ansiedade é preciso primeiro saber os sintomas normalmente experienciados. Abaixo estão alguns dos mais comuns:

Sintomas Físicos

1. Inquietação

2. Falta de sono

3. Hiperventilação

4. Palpitações cardíacas

5. Ranger de dentes ou mandíbula travada

6. Tremedeira nas mãos

7. Suor

Acima estão sintomas físicos que podem aparecer quando a pessoa está sentindo ansiedade, porém também há sintomas comportamentais.

Sintomas Comportamentais

Desaparece sem deixar aviso: A busca por espaço pessoal te força à reclusão de encontros sociais da maneira menos complicada, simplesmente sumindo.

Surta por causa do tempo que alguém demora para responder sua mensagem: Você começa a pensar demais sobre o que você mandou para alguém, se foi rude, estranho ou invasivo. Começa a correlacionar o tempo da resposta à noção de que você fez algo errado.

Verifica várias vezes a mesma coisa: Uma característica óbvia de ansiedade. Mesmo sabendo exatamente onde você guardou algo, tende a checar várias e várias vezes, porque sente que o item não está mais lá ou então acha que foi substituído ou que o lugar foi esquecido.

Não vai a festas: Mesmo que goste da ideia de se divertir, você duvida da sua capacidade de fazer amigos e de ter conversas bem sucedidas, por essa razão as evita por completo.

Certas datas o deixam ansioso: Relembrar momentos traumáticos da sua vida e se sentir deprimido podem ser um sintoma de ansiedade.

Fica agarrado ao celular e nunca desgruda: Ficar ligado ao celular direto pode ser um sinal de que está evitando contato social. Até mesmo ficar mexendo nele sem muita razão pode ser um sinal de ansiedade.

Não faz novos amigos: Pensa muito no que vai dizer, que impressão que vai causar e às vezes deixar de conversar por achar que não vai conseguir deixar uma boa impressão.

Tem pavor a trabalhos escolares ou de escritório: mesmo já tendo feito milhares de outros iguais, a pressão das datas de entrega podem estar acionando a ansiedade.

Muito apegado ao relacionamento amoroso: você pensa na pessoa o tempo todo, pensa no que pode ter feito de errado e no que poderia ter sido feito melhor. Embora isso não signifique muito, ainda pode ser um indicador.

Fracasso em fazer planos: Você pensa demais na situação, no contexto e tenta fazer tudo perfeito, desistindo antes mesmo de fazer qualquer plano que seja.

Ensaia o que vai dizer antes de falar ao telefone: É a mesma coisa que ensaiar conversas ao vivo, mas a falta de comunicação visual do rosto da pessoal pode acionar a ansiedade.

Precisa ficar sozinho: Você não sente vontade de ficar perto de pessoas e sente que precisa de espaço.

NOTA: Se você está curtindo este livro, poderia deixar uma avaliaçãono Amazon? Ajudaria muito o meu livro.
CAPÍTULO 3

SUPERANDO A ANSIEDADE

Mudanças ativas na sua vida precisam ser feitas para controlar sua ansiedade. É possível lidar e diminuir os sintomas ao aceitar que eles fazem parte de você, e sabendo que é possível lidar com eles tomando essas medidas.

Aqueles que são adeptos de mindfulness e terapia cognitivo-comportamental tem mais controle sobre a atividade na parte do cérebro responsável pela concentração e pelo vaguear da mente, portanto é importante praticar esse tipo de terapia. Além de terapia, há abaixo uma tabela com perguntas relativas a sua ansiedade e alguns passos, denominados como plano de ação, que você pode tomar.

Pergunta	Resposta
1. Quais sintomas você sente?	
2. Você tem confiança em rapidamente se diagnosticar com um ataque de pânico?	
3. Você considere ataques de pânico perigosos?	
4. Você confia em sua mente e em seu corpo para lidar com um ataque de pânico?	
5. Quantas vezes por mês você sofre ataques de pânico?	

Instruções

Primeiro, preencha todas as respostas da tabela. Depois siga os passos ativos abaixo. Esses passos são medidas que podem te ajudar a controlar sua ansiedade. Se quiser, fique à vontade para imprimi-la.

Plano de Ação

Saiba que o medo é normal: Sentir medo é natural. Estamos programados para nos proteger. É necessário aprender como superar este medo. Temos que sentir o medo sim, mas temos que ter o poder de controlá-lo. Medo é uma emoção. Você tem 100% de controle sobre suas emoções e como elas afetam sua mente.

Enfrente de cabeça erguida: É uma contramedida efetiva para combater o medo e a ansiedade. Imagine enfrentar os seus medos galantemente. Enviará uma mensagem subliminar para seu cérebro dizendo que não existe nenhum perigo real, como se você já tivesse aceitado o medo e comprovado que não é nada.

Seja proativo: No que você foca quando sente medo? Isso pode acabar determinando o como você se sente sobre a tarefa. Quais tipos de padrões de linguagem você usa? O que você diz a si mesmo? Seu pensamento te limita ou te liberta? Quebre esses padrões e proativamente tente se colocar num padrão mental positivo.

Abundância de ferramentas para lidar com a ansiedade: Existem muitos métodos e ferramentas para lidar com a ansiedade, incluindo este livro. Você pode usar mindfulness, terapia cognitivo-temperamental, meditação e visitas ao médico para lutar contra a ansiedade.

Acredite: Amor-próprio e acreditar em si mesmo são dois dos mais poderosos ingredientes para superar a ansiedade em todas as suas formas. Preocupamo-nos porque acreditamos que não somos capazes de lidar com o "ruim" que pode nos acontecer. Se acreditarmos que podemos lidar com qualquer cenário, então estaremos eliminando uma grande parte do medo.

Não pense muito sobre o futuro: É importante que você aceite que vai ter que lidar com ataques de ansiedade no futuro. Não adianta de nada ficar se preocupando com eles. Pensar sobre o próximo ataque provavelmente só vai piorá-lo.

Não pense demais sobre situações: pensar demais em todos os múltiplos cenários e seus resultados pode acionar a ansiedade.

Não se precipite: Se forçar a conseguir as coisas pode ser uma causa de ansiedade. A perspectiva de não conseguir algo pode minar sua força mental.

Medite: Medite por 20 minutos ao dia. Foque em sua respiração enquanto estiver meditando.

Tome ação: Se tem algo te incomodando, faça algo sobre isso, não deixe que te controle. Vá direto para a ação sem pensar muito. Pessoas que sentem que tem controle de suas vidas tem uma saúde mental muito melhor.

Entenda seus sintomas: Descreva suas sensações físicas relacionadas ao nervosismo e ao medo. Isso irá ajudar na hora de identificar os sinais mais comuns de um ataque de ansiedade.

Se dedique a benefícios de longo termo: Pode ser que demore algum tempo para colher os frutos de dado método, mas será bem válido quando você conseguir controlar bem sua ansiedade.

Lide e aceite sua ansiedade: Aceite o sentimento, porque fugir só piora a situação.

Saiba que sua vida só depende de você: Se você superestima o quanto outros realmente afetam sua vida, você abre mão do seu poder de escolha e de resposta. Pare de pensar demais sobre suas interações pessoais, elas não devem ser tão importantes a ponto decausar ansiedade.

Não tenha pena de si mesmo: Crenças prejudiciais e autopiedade podem te manter longe de uma solução, pois elas te deixam preso ao problema. A responsabilidade por cuidar de você e de tomar controlede sua vida é sua e somente sua. Você quer aliviar sua ansiedade? Bom, então você tem que começar a cuidar disso, não? Você não quer continuar sofrendo, certo?

Ansiedade é muito comum: Não pense que você está sozinho na sua dor. Uma a cada 14 pessoas no mundo sofrem com ansiedade. Você claramente não é anormal (deus te livre se você pensa assim). MUITAS pessoas sofrem com ansiedade nos seu dia-a-dia.

Não deixe que outras pessoas decidam sobre sua percepção: A questão principal é que somos dependentes da opinião dos outros. Isso é a causa da ansiedade social. Precisamos entender o quanto realmente vale a opinião dos outros e fazer com que elas parem de nos afetar. Geralmente as pessoas projetam suas inseguranças nos outros e o que pode realmente nos fazer mal é começar a acreditar nas coisas ruins que são ditas.

CAPÍTULO 4

COMO PARAR UM ATAQUE DE PÂNICO

Você já experienciou um ataque de pânico? Se sim, muito provavelmente você nunca mais quer sofrer um. Este capítulo é todo sobre como lidar com isso.

Olhando para sua própria experiência, o que acontece quando você tenta parar um ataque de pânico? Na maioria das vezes ele fica pior. Mas por que isso? De maneira a entender como parar um ataque de pânico, você precisa saber os sintomas e ter um plano para debatê-los, por essa razão fiz uma tabela abaixo com os sintomas e as ações necessárias.

SINTOMAS

Como ponto inicial, você precisa identificar os sintomas de seu ataque de pânico. Ter plena consciência dos sintomas permitirá que você faça o diagnóstico correto de quando terá um ataque podendo assim agir imediatamente.

A seguir, alguns sintomas que uma pessoa passando por um ataque pode sentir.

1. Palpitações
2. Sudorese
3. Tremedeira
4. Falta de ar
5. Sensação de estar sufocando
6. Dor no peito
7. Náusea ou problemas gastrointestinais
8. Tontura, sensação de desmaio
9. Sentir calor ou frio
10. Dormência ou formigamento (paraesthesia)
11. Se sentir desligado de si mesmo ou da realidade, conhecido como despersonalização ou desrealização
12. Medo de ficar louco ou de perder o controle
13. Medo de morrer

Anote os sintomas que experienciou e adicione-os à lista abaixo.

Pergunta	Resposta
1. Quais sintomas você sente?	
2. Você tem confiança em rapidamente se diagnosticar com um ataque de pânico?	
3. Você considera ataques de pânico perigosos?	
4. Você confia em sua mente e em seu corpo para lidar com um ataque de pânico?	
5. Quantas vezes por mês você sofre ataques de pânico?	

INSTRUÇÕES

Primeiro complete as respostas da tabela. A seguir, siga o plano de ação abaixo. Estes passos são medidas que podem te ajudar a lidar com os ataques de pânico. Sinta-se livre para imprimir uma versão da tabela.

PLANO DE AÇÃO

Identifique os sintomas: Responda à questão 1 com todos os sintomas que sente. Hiperventilação, palpitações e boca seca correspondem muito bem a sintomas de um ataque de pânico. Identifique e confirme que você está tendo um ataque de pânico, siga os passos abaixo.

Não alimente seu pânico: A visão que se tem sobre ataques de pânico é muito negativa. Se você respondeu à pergunta 3 dizendo que sim, ataques de pânico são perigosos, você precisa mudar sua visão quanto a eles. Quando se pensa que ataques são ruins, o sentimento de pânico é alimentado. É importante não ter nenhum pensamento quanto a ataques em sua mente.

Faça diferente: Um ataque de pânico é só uma sensação física. Tente seu melhor em pensar que este sofrimento não é compulsório, você pode fazer diferente, ser produtivo e se divertir. Se você tomar consciência de que algo não é inerentemente bom ou ruim, mas simplesmente uma sensação, seu pânico irá de fato reduzir. A sensação pode talvez permanecer, mas você estará em paz.

Não associe ataques de pânico a pensamentos negativos: Frequentemente temos pensamentos negativos após ter ataques. Pode ser que pensemos que tem algo de errado conosco e outras coisas do tipo. Todos neste mundo sentem a sensação que é a ansiedade, é somente a intensidade que pode vir a atrapalhar uma pessoa.

Encare seus ataques de pânico de cabeça erguida: A chave é não ter medo da perspectiva de ter um ataque de pânico e estar preparado para lidar com ele. Confie em si mesmo. Ataques de pânico são inevitáveis, mas você pode rapidamente se diagnosticar e mitigar muito do seu sofrimento.

Saiba que se preocupar não muda nada: Ao invés de reagir negativamente, mude sua atenção para coisas de que goste. Não é como se ficar pensando sobre os ataques melhorará alguma coisa, você irá permanecer com o mesmo nível de ansiedade com a adição do stress mental de pensar neles. Gradualmente você irá parar de agir negativamente e começar a aceitar seus ataques.

Não resista ao ataque: Tentar resistir só irá piorá-lo. É extremamente difícil não pensar sobre algo quando você sabe que não deveria pensar sobre aquilo. Saiba disso e tire a pressão de si mesmo enquanto está no meio de um ataque.

Acredite em seu corpo e mente: Isto é relacionado à questão 4. Não se preocupe com seu corpo ser incapaz de lidar com um ataque de pânico. Ele é naturalmente capaz de enfrentar essas reações de "lutar ou fugir" por causa de anos de evolução. Confie em si mesmo e na habilidade de seu corpo de lidar com esses sintomas.

Temos todos resiliência para que sejamos capazes de superar qualquer situação, incluindo ataques de pânico.

Não tenha medo de futuros ataques: Esteja aberto à perspectiva de ter ataques futuros, porque eles irão acontecer de qualquer forma, por isso, confie em si mesmo para lidar com estes futuros ataques.

Não se sinta constrangido por seus ataques: Constrangimento sentido por causa dos ataques só irá aumentar os sintomas. Não se sinta envergonhado. Você se sentiria triste e constrangido se estivesse sofrendo um forte resfriado? Não sentiria, pois não tem nada de constrangedor nisso. Saiba que o mesmo vale para ataques de pânico.

Respire e conte: Além de impedir que você faça algo estúpido no desespero, isso também transferirá seus pensamentos do seu ataque para a respiração. Você também ganha tempo para relembrar e seguir seu plano de ação feito anteriormente.

Ache a raiz do problema: Encontre o que está te afetando e acionando sua ansiedade. Evite ou acabe com o acionador quando se deparar com ele.

Cresça em conhecimentos: Ao invés de só fugir, encare e aprenda o máximo que puder. Neste cenário, conhecimento pode ser sua melhor arma contra ataques de pânico.

Dor a curto prazovs ganho de longo prazo: Se concentre nos resultados de longo prazo e em acabar com seu sofrimento de uma vez por todas. Pode ser desconfortável no começo, mas nunca irá ser perigoso ou difícil demais. Troque o desconforto momentâneo pelo fim do seu sofrimento.

CONCLUSÃO

Obrigado novamente por fazer o download deste livro!

Espero que ele tenha sido capaz de te guiar pelo como você pode lidar com sua ansiedade e seus ataques de pânico. O próximo passo agora é aplicar os métodos dados e ver os resultados acontecendo ao longo da caminhada.

Muito obrigado e boa sorte!

www.ingramcontent.com/pod-product-compliance
Lightning Source LLC
Chambersburg PA
CBHW071915070526
44583CB00016B/2004